Alles unter einem Hut

Gisela Stumm

Alles unter einem Hut

Lyrische Betrachtungen
und Gedichte

Bilder von Evita Gründler

Originalausgabe

© 2013

Herstellung und Verlag: BoD - Books on Demand, Norderstedt

Texte und Layout: Gisela Stumm

Bilder: Evita Gründler

Die Rechte an den Texten liegen bei der Autorin,
die Rechte an den Bildern bei der Malerin.

ISBN 9783732233298

Lyrik wird nach meinem Empfinden oft wie ein Stiefkind behandelt. Deshalb möchte ich denjenigen, die sich aus Leidenschaft mit Lyrik beschäftigen, ein *Zitat* vermitteln, denn ich denke, dass sich in den Worten von *Marcel Reich-Ranicki* viele wieder finden werden, die sich in irgendeiner Weise mit diesem Thema verbunden fühlen.

Wer Lyrisches zu schreiben weiß, tut jedoch gut daran, sich nicht mit den herausragenden Dichtern deutschsprachiger Literatur vergleichen zu wollen.

Zitat *

aus einem Zeitungsbericht
im *„Usinger Anzeiger"*
vom 2. 9. 2005

Untertitel:
**Marcel Reich-Ranicki
stellt seinen ‚Lyrik-Kanon' vor.**

„...Die Lyrik war ihm nach eigenem Bekunden anfangs sehr fremd, der Weg dahin lang'. Inzwischen aber sehe er das Gedicht als die persönlichste und empfindsamste Gattung überhaupt an, sagt er - und schwärmt dann, wie sehr Lyrik in der Lage sei, mit wenigen Worten tiefste Empfindungen auszudrücken..."

Blickwinkel

Gleichgesinnte

Kein Reim
soll meinen Sprachfluss stören.
Es sind Gedanken
nur in Form gebracht,
die den Weg
in andre Herzen suchen.
Gleichgesinnten
möchte ich begegnen
und mit ihnen
einen Teil
des Weges gehen.

Perfekte Illusion

Ein Regenbogen
ist das Schöpfungswunder
in Gestalt der Illusion

So wie der Regenbogen
sind wir Lichtgestalten
jeder glänzt in seiner eigenen Farbe

Und doch verbindet uns Gemeinsamkeit
um als Ganzes dazustehen
und zu leuchten

Vergänglich ist der Farbenrausch
zwischen Regen und dem Sonnenschein
ein kurzes Dasein in perfekter Illusion

Leben pur

Hinter dir
liegt das Vertraute
gegenwärtig
das Bewusste
vor dir schwebt
das Unbekannte

Wenn im Rückblick
die Konturen
immer mehr
verschwinden
bleibt dir nur
deine Erinnerung

Verpasste Chance

Manches Glück,
nicht erkannt,
begreifst du erst,
wenn es vorüber ist.

Die verpasste Chance
kommt nicht zurück.
Dir bleibt nur das Warten
auf ein neues Glück.

Betrachtung vom Ding

Traue deinen Augen nicht,
wenn du von dem Ding
nur eine Seite siehst.
Erst dann, wenn du es
rundherum betrachtest,
gewinnst du einen Überblick.
Das Ganze aber
wirst du nie erfassen,
dir fehlt die Unterseite
seines Fußes,
auf dem es steht.

Selbstkritik

Immer wieder
stoße ich
an meine eignen Grenzen

Immer wieder
träum' ich mich
in mein altes Bild zurück

Immer wieder
schnalle ich
meinen Gürtel enger

Immer wieder
falle ich
auf Schokolade rein

Ich bin ein Mensch
wie du und ich
mit Schwächen voll beladen

aber auch ein Mensch
der andre aus dem Wasser zieht
und der dabei fast selbst ertrinkt

Hindernisse

Möchtest du dein Ziel erreichen,
musst du einen Berg versetzen
oder einen Tunnel bauen.
Leben ohne Hindernisse
gibt es nicht.

Möchtest du dein Ziel erreichen,
musst du deine Kräfte bündeln.
Trage ab die schwere Bürde.
Mit dem kleinsten Steinchen
fängt es an.

Wichtigkeit verblasst

Du allein
gibst einer Sache
die Bedeutung
nach der Wichtigkeit für dich,
bis die Zeit sich wendet
und die Emotionen dafür
immer mehr verblassen.

Am Ende war das alles
nur deine eigene Idee,
mit dir verwachsen,
von dir mit Sinn gelebt.

Wichtigkeit verliert
im Lauf des Lebens
an Bedeutung,
da sich am Ende
alles reduziert
auf den Ursprung
eines einzigen Gedanken.

Symbiose *

Unvergesslich
ist der Tag,
an dem wir uns
begegnet sind.

Im Arm trugst du
ein buntes Bild,
auf meinen Lippen
tanzte ein Gedicht.

Lass uns den Weg
ein Stück
gemeinsam gehen,
sagtest du zu mir.

Bild und Wort
verflochten wir
zu einem Freundschaftsband
und nannten es 'Symbiose'.

Vernissage bei Marie *

Jedes Jahr erneut
verwandelt sich Dein Heim
in eine Galerie,
ein Fest für Deine Bilder,
zum Empfang der Freunde
gedanklich ausgebreitet
wie ein bunter Teppich.

Neue Kreationen:
Landschaft, Menschen,
Stille und Elan,
Freude pur - ausgedrückt
in Form und Farben,
eine Offenbarung
Deiner Sinne.

Optimistisch,
positiv gestimmt
verlassen die Betrachter
Deine heiteren Räume,
kaufen oder kaufen nicht,
und ein Jeder freut sich
auf das nächste Mal.

Linientreu *

Aus der Geraden
zieht er seine Kreise
durch das Spiegelbild
Rand an Rand
ins Umgekehrte

Zwillingsgleich
sind seine Werke
faszinierend
ausdrucksstark
aber keines
gleicht dem andern

Ob farbig, schwarz
klein oder groß
jede Art
des Daseins
ist ein Teil
des Ganzen

Vollzogene Einheit
als Symbol der Welt
auf den Punkt gebracht
ist die schöpferische
Perfektion
jenes großen Künstlers

Kinetische Struktur *

Labyrinth, kinetisches Gefüge:
In Bewegung bunte Kreise,
Energiegeladene Linien,
die wie Puzzleteilchen
sich aneinander schmiegen.
Schlingen – rankend vor und hinter
transparenten Türmen –
verführen Augen der Betrachter
in eine Art von Süchtigkeit,
wie Wegesuchende, die
nirgends einen Ausgang finden.

Bewunderer verlieren sich
in Rundstrukturen,
verstecken sich gedanklich
in den hohlen Räumen,
um hier Lustzuwandeln
auf den Wendeltreppen
im Trunkensein
des Farbenrauschs
und um nachzuspüren
der heiteren Lebendigkeit
aus hundert Dimensionen.

Akzeptanz

Veränderung in deiner Welt
- im Großen wie im Kleinen -
beginnt mit der Entscheidung.
Jegliche Entscheidung
für ein angestrebtes Ziel
führt ins Ungewisse.

Ob es richtig für dich war,
zeigt am Ende das Ergebnis.

Wie es auch sei,
nimm es an,
die Zeit lässt sich
nicht rückwärts drehen.
Die eigene Akzeptanz gehört
zur Reife eines Lebens.

Des Menschen Freiheit

(Neue Erkenntnisse eines Philosophen)

Der Mensch hat
keinen eigenen Willen.
Er wird gelenkt
von einer großen Macht,
die in der Tiefe
seiner Seele wohnt.

Die Freiheit eines Menschen
beruht allein
auf der Entscheidung
- aus Wagemut oder Instinkt -
den einen oder
anderen Weg zu gehen.

Kein Wenn und Aber.
Ein späteres Zurück
bleibt ausgeschlossen.
Die Akzeptanz
der eigenen Entscheidung
gehört zur Königsdisziplin.

Im Spiegel betrachtet

Mein Spiegel sagt:
du siehst älter aus
als du dich fühlst.
Und manchmal
ist es umgekehrt.

Um mich herum
nur junge Menschen,
so schnell herausgewachsen
aus dem Boden
wie die Pilze.

Sie managen das Leben
und sie regieren,
bemühen sich um Kindersegen,
nehmen alles in die Hand,
was einst unser war.

Sie alle sind so jung,
kommt mir in den Sinn.
Ich habe ganz vergessen,
dass ich damals
auch nicht älter war.

Auf einer Bank genieße ich
die letzten Sonnenstrahlen
dieses warmen Tages.
Auch ohne Windhauch
fallen bunte Blätter.

Mein Spiegel meint:
du bist so alt wie du dich fühlst.
Ich sage JA, das stimmt,
denn heute spüre ich in mir
die ganze Welt.

Ob 18 oder 80

Es verschieben sich
die eigenen Perspektiven,
erweitert sich das Blickfeld.
Man schaut auf die Jugend,
betrachtet das Alter:

Das bin ich, das war ich,
das will ich sein
oder auch nicht.

Im Weiterschreiten
verändern sich Wege,
der Horizont wandert mit.

Das langsame Reifen
vergrößert die Sicht
auf Zusammenhänge
in unserem Leben -
ob 18 oder 80.

Neue Sicht der Dinge

Innere Spannung baut sich auf
durch eine neue Sicht der Dinge

Das Ziel im Blick behalten
lässt alle Wege überwinden

Aus dem erreichten Sieg
entspringt ein Glücksgefühl

Dank

Dank sei der Sonne,
in deren Licht ich lebe.

Dank sei dem Monde,
in dessen Schein ich ruhe.

Dank sei der Erde,
von deren Frucht ich esse.

Dank sei dem Wasser,
aus dessen Quell ich trinke.

Dank sei dem Schöpfer,
aus dessen Hand ich nehme.

Schönstes Büchlein

Mein schönstes Büchlein
trägt ein festliches Gewand

Jungfräulich präsentiert es
seine unberührten Seiten

Es fordert nichts als
seinen Einband zu bewundern

Die Welt
in bunten Farben

Kreislauf meiner Welt

Wenn meine Welt
im Licht erstrahlt
bade ich in ihren Farben

Wenn meine Welt
beweglich wird
spiele ich mit ihren Formen

Wenn meine Welt
im Duft erblüht
verwebe ich die Sinne

Wenn meine Welt
ein Blau verheißt
schwebe ich ganz flügellos

Wenn meine Welt
ins Dunkel fällt
warte ich auf ihre Sonne

Wenn meine Welt
im Licht erstrahlt
bade ich in ihren Farben

Wenn meine Welt ... usw.

Hoffnung

Hoffung ist das Zugpferd
unseres Lebens,
es kennt den Kurs
und strebt zum Ziel,
gibt keine Ruh.

Hoffnung, das ist Leben,
ein Sich-Sehnen
nach Erfüllung
bis zum letzten
Atemzug.

Hoffnung ist viel mehr
als nur ein Streben,
sie ist die Kraft,
die in uns wohnt,
gelenkt vom Allerhöchsten.

Meine Weide

Bei mir zuhaus steht eine Weide,
ausladend breit sind ihre Zweige.
Ich liebe diese Weide sehr,
weil sie mein Hoffnungsträger ist.

Während sie den kalten Winden trotzt
und den neuen Schnee erduldet,
übt sie schon geheimnisvoll
ihre Frühlingsouvertüre.

Mein Herz, das jubelt – trotz der Kälte,
wenn ihre flauschig-weichen Kätzchen
das große Licht der Welt erblicken.
Unbändig meine Freude auf den Lenz!

Mit den ersten Frühlingsblühern
strahlt mein Baum in goldner Pracht.
Staubgefäße, tausendfach, mitten drinnen
eine Heerschar summender Insekten.

Im Sommerlicht verschmilzt
das grüne Kleid mit der Natur.
Treiben Blätter fort im Wind,
beginnt die kurze Winterzeit.

Wenn das neue Jahr beginnt,
weht wieder diese leise Hoffnung
über weiße Decken. Schon bald zeigt
meine Weide den jungen Frühling an.

Winters Ausklang

Schmeichelwarmes Sonnenlicht
streichelt weiße Glitzerdecken,
auf den endlos weiten Feldern
höhlt es Hungerspuren aus
von Has' und Reh.

Schattenwürfe
dort am Hain
lieben Ränkespiele,
jagen eisigfeine Winde
über Schneegeflüster.

Wattebäume strecken Arme aus.
In den blauen Himmelspitzen
leuchten bunte Federkleidchen.
Süßgezwitscher kündigt
nahen Frühling an.

An einem Sommertag

Auf dem Gipfel eines Berges
pflanzte mir der Himmel
ein großes Glücksgefühl ins Herz.

Sonnenlicht aus wolkenlosem Blau
ließ bis zum Horizont
die Natur in klaren Farben leuchten.

Schmeichelnd zog sich Wiesengrün
zwischen gelbe Felder,
duckten bunte Häuser sich
in kleinen Tälermulden,
Grüppchen dunkler Tannen
trennten lichte Höhen.
Überall, wohin man sah,
wiegten sich synchron
zarte Weidenröschen,
liebkost vom lauen Wind.

Ich war frei, vogelgleich,
ließ belastende Gedanken
in einem tiefen Tal zurück.

Unbeschwert und federleicht
fühlte sich mein zweites ICH.
Ich sollte öfter einen Berg bezwingen.

Goldsteinpark

(anlässlich der Landesgartenschau 2010)

möchte mich nach Bad Nauheim schwingen
und viele Lobeshymnen singen

möchte mich in bunten Farben kleiden
und mit den blauen Schafen weiden

möchte in satten Gärten verweilen
liebend gern „schrebernde" Früchte verteilen

möchte den Goldsteinturm erklimmen
wo unterirdisch die Wasser rinnen

möchte meine vier Wände vertauschen
im Wald mich an den Klängen berauschen

möchte durch zarte Gräser streifen
und mit dem Wind ein Liedchen pfeifen

möchte über den Teichen schweben
zwischen den Kristallinen leben

möchte aus Blütenkelchen trinken
und eine Zeitlang in mir versinken

möchte mich mit den Tränen befeuchten
und alle Kugeln umarmen die leuchten

möchte mich mit den Rosen spiegeln
in Lichtmomenten die Liebe besiegeln

möchte das bunte Kirchlein erblicken
des Nachts Wünsche himmelwärts schicken

möchte die Lebenswunder bestaunen
und Lobpreis über die Erde raunen

Wieder auf der Insel

Stress lass nach!
Endlich Hafen!
Leb' wohl, du Festland
unbegrenzter Möglichkeiten.
Schiff ahoi!
Ich werfe allen Ballast über Bord.
Willkommen auf der Insel.
Die Luft schmeckt rein,
der Wind spielt mit dem Haar.
Vertraute Häuser
singen mir ein Lied.
Für ein paar Tage
pflanzt der Himmel mir
eine andre Welt ins Herz.

Es ist wie ein Zuhause,
alles so wie eh und je.
Ich weide mit den Schafen
auf dem grünen Deich,
die Füße messen Sand am Ufer,
Wasserrauschen Tag und Nacht
als Hintergrundmusik.
Schöpfergeist herrscht unsichtbar.
Meine Seele schweigt sich aus,
ist ganz auf Empfang gestellt.

Ich träume in den Farben
eines Regenbogens,
der Strand und Meer
für kurze Zeit verbindet.

Geträumt

Gartenträumer

Der Mensch im Schlaf,
er träumt von seinem Garten,
vom Blütenzauber
und den Schmetterlingen,
vom wonnig weichen Gras.
In seiner Liebeslaube ergibt er sich
dem honigsüßen Schmerz.

Aus seinem Traum erwacht
blickt er verwirrt durchs Fenster.
Die Blumen sind verblüht,
das Gras hoch bis zum Knie.
Und auf sein Laubendach
fällt monoton der Regen.

Wenn die Sonne wieder scheint,
geh ich hinaus, sagt er,
ich werde neue Blumen säen
und meinen alten Rasen mähen.
Er schwört bei seinem Barte.
Dann kriecht er in sein Bett zurück
und träumt sich eine Gärtnerin.

Dynamik der Wünsche

Sehnsucht und Hoffnung
verschmelzen zu Wünschen
sie suchen sich Wege
im Wachen und Träumen

Erfüllung der Wünsche
verwehen im Wind
es fließt in den Kreislauf
Dynamik zurück

Wünschel mit Tarnkappe

Im Dunkel der Nacht
erwacht das Wünschel
und schleicht sich
mit Tarnkappe
in dein behütetes Zelt

Hier bin ich
haucht es dir
flüsternd ins Ohr
lass dich liebkosen
von meinen Gedanken

Ein Klicken im Kopf
das Lämpchen springt an
auf seinem Lichtstrahl
gleitet seufzend
das Wünschel davon

Im Dunkel der Nacht
hat sich dein Antlitz
die Maske erobert
niemand erkennt
dein heimliches Lächeln

Geträumt

Das Verlangen stark
die Versuchung groß
mutig wird
die schwache Seite

Die Blume strebt
zum Zauber-Licht
öffnet ihren Blütenkelch
für die eine Biene

Vom Traum erwacht
trüben dunkle Wolken
klares Himmelsbild
und es regnet

Defizit

Vision! Geträumt
mit offenen Augen
an unserm ersten Tag:
Angstgefühle, unerklärbar.
Jahrelang verdrängt,
abgetan als Spinnigkeit.

Auf unserer alten Straße
lauern die Fratzen
hinter den Bäumen,
tanzen Gespenster
zwischen den Steinen,
spukt jetzt dein Geist.
Auf rauem Asphalt
liegen zerbrochene Seelen.
Deine Vergangenheit
schickst du zum Teufel.
Nicht nur dein Herz
ist verwaist.

Gemeinsames Dasein,
geschieden im Zorn,
ohne Versöhnung.
Wie lange noch
willst du so leben?

In unseren Tränensee
warfst du den Schlüssel.
Tauchte ich nach ihm,
würde ich sicher ertrinken.
Dann wäre mein Tod
endlich Gerechtigkeit,
Rachsucht hätt' Ruh.

Vision!
Geträumt seinerzeit
mit offenen Augen:
eines nachts käme
ich, Frau und Mutter,
in große Bedrängnis.

Auf einem Fest

Alle waren da,
alle sind gegangen,
aber du,
du bist geblieben.

Zwischen uns
ein Hauch aus Seide,
nur ein Spüren -
ohne Konsequenz.

Meine Liebe
war im Keim erstickt,
Hoffnung wankte
stets an Krücken.

Dein eignes Leben zog
an mir vorbei,
wie die Nebelschwaden
im November.

Nun bist du hier
und wartest
auf die milden Strahlen
meiner Sonne.

Selbst wenn der
Seidenvorhang fiele,
wär' der Ausgang ungewiss.
Oder nicht?

Traumgebilde

Wir trafen uns im Kreis der Altvertrauten,
er war mir fremd und doch so nah.
Wie eh und je befriedigte mich seine Nähe,
ein besonders herzlicher Kontakt blieb aus,
ich war nur Luft für ihn, wie immer.

Er hatte ohne mich sein Leben eingerichtet,
denn meine Funken hatten nicht gereicht,
bei ihm ein Feuer zu entfachen.
So wohnten wir entfernt
in unserer eigenen kleinen Welt.
Mein Herzenswunsch blieb unerfüllt.
Er lebte nur in meiner Phantasie.

Würde er mich noch nach all den Jahren
fragen: „Willst du zu mir stehen?"
Ich würde still verhalten mit ihm ziehen,
wenn es sein muss, bis zum Tod.

Wir können unser Dasein
nicht so einfach neu erfinden,
dafür ist es irgendwann zu spät.
Verloren all die Zeit
der köstlichen Momente,
die ein nunmehr reifes Alter
noch zu genießen wüsste.

Mit einem Male war er mir gefolgt,
er rannte um sein letztes Glück.
Gemeinsam standen wir
am Eingang der Arena.
Der Kassierer fragte ungeniert:
„Ist dieser Mann, von dem Sie sprachen,
der Gefährte Ihres Lebens?"

Ich zögerte mit einem NEIN.
Doch er erwiderte auf diese
nicht an ihn gestellte Frage: „JA! Ich will
den Rest des Lebens mit *ihr* teilen."
Bei inniger Umarmung zogen wir uns
glücklich in die eigene Illusion zurück.

Im langsamen Erwachen
die schöne, jedoch übliche Erkenntnis:
Er war wieder da! Hatte mich besucht,
aus heiterem Himmel meine Welt betreten,
um in meinen Traumgebilden
Gefühle wach zu halten.
Man weiß ja nie!

Metamorphose eines Poems

Auf der Bank träumt ein Gedicht
Wind durchkämmt die Zeilen
geht mit allen zu Gericht
will an ihnen feilen

Eine Jury - ihr sei Dank -
gibt der Schrift das Siegel
dem Poem auf jener Bank
wachsen plötzlich Flügel

Googelnd fliegt es um die Welt
auf die höchste Kuppe
wird zum Stern am Himmelszelt
fällt herab als Schnuppe

Nach der Zeit

Alles Wissen unsrer Welt
liegt chiffriert im Meer.
Aufgelöst fließt unser Dasein
irgendwann mit den Gezeiten.
Potenziert ist alles Wissen
und vergangenes Gebaren.

Unsre Nachwelt,
sie denkt weiter,
macht sich Sorgen
- oder keine –
um die Seelen
und das Leben
nach der Zeit.

Doch der Glaubende,
er träumt auf seine
eigne Weise
von einer fernen
Herrlichkeit.

Wohl behütet

Lebensgarten

Geboren
   im Garten der Liebe

behütet
   bei Sonne und Wind

den Stürmen
   des Daseins getrotzt

gereift
   in der Fülle des Lebens

Über den Dächern
   schwebt Glockenklang

und im Gefilde
   blüht das Vergissmeinnicht

Verborgene Antwort

Schließe deine Augen

spüre nach was dich bewegt
und frage nach dem Sinn

in der Tiefe deines Herzens
findest du die Antwort

Verlasse dich darauf

Gleichgewicht

Gläubige Versenkung
reinigt unsre Seele
und schafft neuen Raum
für unsre Hoffnung.
Sie bringt unser Leben
in ein Gleichgewicht.

Gemalt

Stell dir vor, die Welt
hat tausend Farben,
und du malst
dein eigenes Gesicht.

Wie wird es sein?
Verschönst du dich?

Am besten akzeptiere,
wie du heute bist.

Zu guter Letzt
erlebst du das Gefühl,
als hätte jemand
deine Hand geführt.

In mir erklingt ein Lied *

In mir erklingt ein Lied aus alter Zeit,
die Mutter sang es mir als Kind.
Die Straßen waren tief verschneit,
Eisblumen an den Fenstern.

Wir mit hoffnungsvollem Herzen
und roten Nasen unterwegs
zu Fuß von A nach B,
oft kilometerweit.

„Laufschritt, Laufschritt
macht Vergnügen,
wer nicht mit will,
der bleibt liegen."

Wir traben wie die Pferdchen
durch den tiefen Schnee,
unaufhaltsam Schritt für Schritt,
damit die Füße nicht erfrieren.

Herbstgewand *

Am Rande des Flusses
ein Kurpark des Kaisers
im herbstgoldnen Licht
mit farbigem Blattwerk zwischen
dem Soll und dem Haben.
Und wir zu zweit
auf der weißen Bank,
verwöhnt von den milden Strahlen
der langsam sinkenden Sonne,
ganz in Gedanken an das
von uns vor Jahrzehnten
gepflanzte Bäumchen.

Nun sitzen wir heute
unter der hohen Krone
im Schutze der kräftigen Arme,
die sich in stiller Andacht
von ihrem ermüdeten Laub befreien.
Zu unseren Füßen formt sich
ein goldgelber Teppich aus
Zwillingsblättern des Ginkgo-Biloba,
den Zwei-in-Einem,
die wir so lieben und uns
wie ein Sinnbild erscheinen
für unser gemeinsames Leben.

Zeit und mehr (*timesandmore*) *

Der Himmel schenkte
dir das Dasein
und pflanzte
in dein Herz die Zeit
zum Wachsen
und zum Reifen

Fülle deine Zeit
mit Leben
entscheide zwischen
Gut und Böse
gib der Liebe
großen Raum

Strebe nach Zusammenhalt
in guten wie
in schlechten Tagen
übe dich in Toleranz
und öffne dich
dem inneren Frieden

So kannst du
eines Tages sagen
- nach bestem Wissen
und Gewissen -
sie ist erfüllt
die mir geschenkte Zeit

Genug

Genug
mehr als genug
hat das Leben
mich beschenkt
mit kleinen und
mit großen Wundern
mit Liebe und Vertrauen
ich fühlte mich getragen
durch manche schwere Zeit
erlebte wiederkehrend
die Rückgewinnung
meiner Leichtigkeit
genug
mehr als genug

Gefühlsbetont

Ein glückliches Gefühl

Süße Blütendüfte
kosen meine Sinne

Ich bin schwerelos
der Liebe zugewandt

Bewegliche Gefühle

Der Motor unsres Lebens
sind bewegliche Gefühle,
hätten wir sie nicht,
so wären wir wie Stein,
so starr und stumm.

Gedanken und Gefühle
im gemeinsamen Verbund
beflügeln unser Handeln
mit dem angestrebten Ziel
zum eigenen Wohlbefinden.

Im Bangen und im Hoffen

Dein Leben bewegt sich
im Bangen und Hoffen

Die Liebe malt Blüten
in deine Gefühle
du springst aus dem Rahmen
um Wasser zu fluten
für ganz neue Bahnen

Im Bangen und Hoffen
zerfließen die Zeiten

Ein Besuch in Wuppertal

Eine Welt
hat sich in mir vereint
das Leise
und das Laute
das Leichte
und das Schwere
das Wohlbefinden
und der Schmerz
das Lachen
in der Sonne
die Tränen
in der Nacht

Mit der Schwebebahn
falle ich
ins Bodenlose
der Gefühle
für dieses
Wuppertal

Unverhüllt
und ungeschminkt
offenbarte es mir
tausende Gesichter

Vielleicht

Um deinen Kopf kreist ein Vielleicht
es findet keinen Platz zum Landen

Der Mensch geht mit sich ins Gericht
und er zermartert seine Seele

Warum ist dieses Warten
nur so schwer

Möge das Vielleicht verschwinden
eine klare Antwort die Erlösung sein

Ein NEIN lässt weiter Demut wachsen
ein JA verführt das Herz zum Tanzen

Ungewiss

Die Chance gering - trotzdem
du versuchst es
im Kopf eine Hoffnung
im Bauch diese Ahnung
Geduld fühlt sich stark an

Beim Endloswarten
im Bangen und Hoffen
gerät die Stimmungslage
ins Schwanken
der Weg wird zur Folter
die Hinrichtung droht
die Macht der Verlage
zwingt dich zum Kniefall
dein blutendes Herz
berührt sie nicht mal
in ihrem Sinne
dürfen nur Euros tanzen

Geht alles den Bach hinunter
erhebt deine Seele sich
aus den Fluten
um hoffnungsvoll
andere Wege zu gehen

Nominiert

Nominiert
für den Preis
nicht allein

und nur einer
kann gewinnen

Herz das klopft
Blutdruck steigt
Hände feucht

Die Gefühle
in der Schwebe

Licht geht aus
Spotlight an
nicht für dich

Deine Welt scheint
zu zerbrechen

Tief im Fall
Netz hält auf
neu bereit

für ein Leben
ohne Preise

Geläutert

Gekämpft
und verloren
viel Herzblut
vergossen
geläutertes Leben
wieder eröffnet
für neue Chancen

Im Ziel ein Gefühl

Im Ziel ein Gefühl,
als würde der Himmel sich öffnen,
als würden tausendmal mehr
helle Sterne funkeln.

Im Ziel ein Gefühl,
als würde die Hülle zerplatzen,
als würden die Spannungen
plötzlich zerspringen.

Im Ziel ein Gefühl,
als würde dir jemand Flügel verleihen,
als würden gelebte Tiefen
mit einmal verschwinden.

Im Ziel das erste Gefühl:
ach, bliebe die Welt
einen Augenblick
stehen.

Telegramm
vom Leben

beginnen
vollenden
und segnen

der Antrieb entsteht
aus der Kraft
eines Wesens

erkennen
begreifen
und danken

dem Kreislauf
des Ganzen
ergeben

und selber
die Nahrung
für andere sein

sich lösend
zum Himmel
erheben

Lass uns umarmen

Lass uns umarmen
ich möchte sie spüren
die Liebe im Herzen
die unser Empfinden
seit langem beflügelt

Lass uns umarmen
auf unsere Weise
im Herbst dieses Lebens
an sonnigen Tagen
in rauen Gezeiten

Lass uns umarmen
ich möchte dich fühlen
ein letztes Mal küssen
bevor unsere Lippen
für immer verstummen

Lass uns umarmen

Kein Adieu

Unbekümmert sagtet ihr
euch heute „Guten Tag".
Keiner von euch wusste,
dass die Begegnung
eure letzte war.

Einer von euch ging
für immer,
ohne ein vorheriges Adieu.
Das war Tod im Leben
ohne Qualen.

Gespürte Nähe

Gegangen bist du
nun für immer,
ohne Wiederkehr.
Wehrlos hast du dich
der letzten Mühsal
hingegeben.
Die schwere Zeit
verzehrte deine Kräfte.

Zurück gelassen
hast du das,
was greifbar ist -
und all das Schwere.
Zurück gelassen auch
dein Lebenswerk;
silbern glänzt es
wie die Sterne.

Seelenflug erscheint
in meiner Fantasie,
engelhaftes Schutzgefühl,
das mein Selbstvertrauen
zu beflügeln weiß.
Mir ist, als blicke ich
verklärt in eine
andere Dimension.

Ich bin allein
und bin es nicht.
An meiner leeren Seite
weilst du - unsichtbar.
So will ich im Gedenken
meine eigenen Wege gehen,
voll Zuversicht,
vom Himmel wohlbehütet.

Reise
ohne Wiederkehr

In der Ferne
läuten Glocken.
Sie erinnern mich
an den letzten Gang.

Abschiednehmen
fällt mir schwer.
Noch fehlt mir
die Leichtigkeit.

Erst, wenn meine
Flügel wachsen,
wird es eine Reise
ohne Wiederkehr.

Das Herz erinnert sich

Vorbei! Endgültig vorbei?
Unsere Augen sehen dich nicht mehr.
Nur unser Herz erinnert sich:
an deine Güte, deine Liebe,
erinnert sich an deine Zärtlichkeit.
Solange unsere Herzen schlagen,
geht das nie vorbei.

Trauerkrise

Trauerkrise, schwere Zeit,
bodenloses Fallen in ein Chaos.
Denken, Handeln wie vernebelt,
Lebenspläne sind vernichtet.

Das Gestern ist versehen
mit einem Fragezeichen,
das Morgen liegt
im tiefsten Dunkel.

Diese Reaktion
auf den schmerzlichen Verlust
ist ganz natürlich,
denn sie muss so sein.

Bewältigung
der tiefen Trauer
braucht keine Pillen.
Eine Krankheit ist sie nicht.

Die Zeit heilt keine Wunden,
ebenso nicht das Vergessen.
Lassen wir sie zu, doch
verlieren wir uns nicht darin.

Nur der unverklärte Blick
in die eigene Zukunft
mit einem anderen Lebensplan
kann uns neues Glück verheißen.

Heraus
aus dem Desaster

Probleme sind Nüsse

Probleme sind Nüsse
wollen geknackt sein
offenbaren im Kern
ihren wirklichen Sinn
drum beiße dir vorher
die Zähne nicht aus

Nebelungen

Wieder Nebel im Gemüt
an den Füßen schweres Blei
die Zukunft liegt im Argen

Warten auf den Sonnenstrahl
im Wachsen meiner Flügel
für die neue Leichtigkeit

Lebensmüde

Ich kann nicht mehr.
Ich will nicht mehr.
Man reiche mir den Dolch.
Ich bin des Lebens müde.

Nicht jetzt! Zuvor
muss ich noch Ordnung
in den Nachlass bringen,
aufräumen, auch vernichten.

Seit vielen Jahren
schieb ich es hinaus,
dieses Chaos hinter
sauberen Fassaden.

Nun will ich mich
mit aller Macht
um den Inhalt meiner
Schränke kümmern.

Und wenn ich kann,
mit letzter Kraft,
auch noch die Schranktür
meines Herzens öffnen.

Von innen her
wird er dann quellen,
der Sperrmüll
meiner Seele.

Angelangt
an diesem Punkte
ist sicherlich der Dolch
nicht mehr gefragt.

Hunger nach dem Leben

So mancher Brocken
ist gefroren
drum lass dir Zeit
für dein Begehren
denn sonst verkühlt er
dir den Magen

Eingefrorene Werte
müssen sich befreien
und entfalten
nur so lässt
sich der Hunger
nach dem Leben stillen

Ich weiß

Ich weiß, sagst du,
ich weiß, ich weiß -
und tust es nicht.
Was hindert dich daran?
Ich selbst, sagst du,
ich selbst. Ich selbst
bin mir ein Hindernis.
Ich finde keine Kraft,
die Hürden zu besiegen.

Öffne dich,
ganz einfach so,
ohne Vorbehalte.
Lass wie Wolken
die Gedanken ziehen.
Irgendwann
wird auch dich
ein warmer Sonnenstrahl
erreichen.

Warten auf das Licht

Das Maß ist voll:
in meinem Kopf,
in meinem Bauch,
in meinem Lebenslauf.
Ich stehe mit dem Rücken
an der Wand und warte
auf ein kleines Licht,
das mir den Ausweg zeigt
in eine neue Welt
zum Hier und Jetzt.

Ich möchte wieder
durch die Wälder zieh'n,
vor bunten Blumenwiesen steh'n,
ich möchte gern am Horizont
des weiten Meeres sehn,
wie ein Schiff vorüber zieht.
Doch meine Last
ist viel zu schwer,
mir fehlt die Leichtigkeit
des Seins.

Ich warte
auf den rettenden Gedanken
und auf die Kraft

herauszufinden
aus dem Vakuum,
das mich zurzeit
gefangen hält.
Ich muss, ich will.
Das ist mein Ziel.
Ich warte auf das Licht.

Unfall

Mit einem Mal
ist alles anders.
Das Leben quillt
aus allen Fugen.
In roten Bahnen
fließen Stunden,
sie fragen nicht
nach Soll und Haben,
nach keiner alten Wichtigkeit.
Selbstbesinnung findet Raum
im Gedanken-Meer.
Das Rot zerrinnt,
verändert das Geschehen.
Es bleibt die Hoffnung
auf ein heiles Leben
nach dieser schweren Zeit.

In Begleitung

Sie saßen hier
an diesem Tisch
und labten sich
an meinem Blut:
Vergangenheit
und Gegenwart.
Ich hörte ihre Stimmen
und kannte jedes Wort.

Dann ging ich fort
zu meinem Engel.
Er nahm mich bei der Hand
und führte mich dorthin,
wo keine Schmerzen sind.
Hier lebten wir von dem,
was aus dem Himmel fiel,
bis uns die Zukunft rief.

Mein Engel sagte mir:
Nun wird es Zeit,
ins Tal zurück zu gehen,
um etwas zu verändern.
Und sei gewiss,
was auch geschieht,
ich werde stets
an deiner Seite sein.

Neue Chance

Plötzlich kam der Tag,
da wurde aus dem Ja ein Nein
und später aus dem Nein ein Ja.
Kein Verlass mehr auf sich selbst,
die Veränderung des Ichs.
So hat alles angefangen.
Bauchgefühl malt Fragezeichen,
Warnsignale in den Wind geschlagen,
Ermahnungen
sind längst verblasst.

Wie aus heitrem Himmel
nun ein neues Hindernis.
Morgen ist ein Tag der Hoffnung,
wenn ich ihn erlebe,
dann soll alles anders werden.
Aus dem Nein wird wieder Nein,
aus dem Ja ein Ja, versprochen!
Ich werde es mir
hinter meinen Spiegel stecken,
bevor die neue Chance verweht.

Bilder in schwarz-weiß

Das Leben hat
den Zaun zerstört,
der mich einst trennte
von den Sorgen.
Licht- und Schattenspiele
malen Bilder
in schwarz-weiß.
Die Rückkehr
in das Blau-in-blau
verharrt vor einer Grenze.

Seine Marionette

Er hielt die Fäden
in der Hand.
Sie fühlte sich
wie seine Marionette.

War er des Spielens
überdrüssig,
hing er sie
in einen Schrank.

Dort verbarg er
vor dem Rest der Welt
den vermeintlichen
Besitz.

Den Schlüssel
seiner Eifersucht
trug er stets bei sich,
bis er ihn verlor.

Sein Püppchen
tanzt nicht mehr für ihn.
Es hat sich selbst
aus diesem Zwang befreit.

Perspektiven-Wechsel

Irgendwann
der Bruch im Leben
Trümmer
bis zum Fundament

Wind heult
in den Gassen
und du frierst
im Angesicht der Tat

Du bist stark
zum Neubeginn
sagt eine warme Stimme
und breitet ihren Mantel aus

Perspektiven-Wechsel
lässt die Welt
im andren Licht erscheinen
und eröffnet neue Wege

Schicksalhaftes

Das ist nicht wahr,
das kann nicht sein!
Diese Nachricht ist erfunden.
Zuerst geleugnet,

dann im Schock erstarrt.
Und doch:
die heile Welt,
sie liegt in Scherben.

Rotes Glas bei Aderlass.
Wildes Feuer
hat die Vergangenheit
brutal verbrannt.

Erhebe dich
aus deinen Trümmern,
andere Menschen weinen auch.
Tränen trocknen, Blut gerinnt.

Unter grauer Asche
keimt wieder Hoffnung.
Kleide dich in Frühlingsgrün,
verwurzele dich im Neubeginn.

Und wenn der Herbststurm
wieder einmal kräftig
an den Blättern zaust,
so lass sie fliegen.

Unter unserer Sonne werden
neue Knospen sprießen
und im Garten deiner Träume
süße Früchte wachsen.

Neuzeitliche Seele

Der Mensch
hat seine Seele neu erfunden.

Es sausen durch den Äther
unzählbare Zahlen, Wörter, Bilder,
die sich kreuzen, knäulen, türmen.
Endlosigkeit besitzt genügend Raum.

Lebensläufe und Geschichten,
weltweite Wirtschaftspolitik,
Ebay-Käufe, Börsen-Schnack,
heute gültig, dann verworfen.
Tägliches Getippe und Gequatsche
dieser Wichtigtuer, Furchteinflößer,
Kartenmischer, Angstverteiler.
Dazu die vielen Ahnungslosen,
gezogen in den starken Sog der Webs.

Der Mensch
hat seine Seele neu erfunden.

Technisch unauslöschbar
schwebt Übermaß durchs All.
Hauptdarsteller in ihrem Wirken
leben ausgegrenzt
in endloser Verbannung.

Ist dieses der erwünschte Himmel
für die Unsterblichkeit?
Jeder sucht den Garten Eden
hier vergebens.

Der Mensch
hat seine Seele neu erfunden.

Im Finale wartet er
in seinem selbst erdachten Paradies
vergeblich auf ein
herzliches Willkommen.

Danzig

Wiederaufbau,
wunder-, wundervolle Stadt,
neu erblüht
nach dem großen Krieg,
der uns fliehen ließ
ins Unbekannte.

Verlorene Heimat,
in Gedanken stets lebendig
bei den Alten.

Wir Flüchtlingskinder
kannten nur die Bilder
dieser unzerstörten Stadt,
die, irgendwie gerettet,
unsre kahlen Wände zierten.

Jahrelanges Puzzlespiel
eine neue Bleibe einzurichten
aus Abfall mit viel Fantasie
und aus Neuerwerb mit Fleiß,
nicht ohne Stolz.

Den Rest des Lebens
prägte die Bescheidenheit
und Sammlerleidenschaft,
man kann nie wissen …

Flüchtlingskinder sind
geprägt von einem Trauma:
Sirenenheulen,
Keller-Fluchten,
Todesängste,
lauter Knall und Feuerhimmel.
Heute noch, nach all den Jahren,
diffuse Furchtgefühle bei Gewitter
und dem Ruf der Feuerwehr.

Wunder-, wundervolle Stadt,
einst nur Schutt und Asche,
majestätisch aufgerichtet -
nach und nach
liebevoll rekonstruiert
von fremden Menschen,
über 60 Jahre lang!

Auf meinem Bildschirm
sah ich es, (3.12.08)
das neue Wunder!

Unsichtbare Fäden
verbinden mich
mit dieser Ostseeperle,
nicht nur die Ortsangabe
auf der Geburtsurkunde.

Ich werde sie besuchen,
diese Stadt, möglichst bald.
Lebendig bleibt der Wunsch
zurückzufinden
zu den Wurzeln des Entstehens
und der eigenen Geburt,
diesem Ursprung nachzuspüren
und den Lebenskreis
zu schließen.

Ich möchte danken,
gegenwärtig, live vor Ort,
danken meinem Schicksal
für die Rettung
aus dem Kriegsgeschehen,
danken all den Menschen,
die beim Wiederaufbau halfen
und sich nach dem Wirrwarr
eine neue Heimat schufen.

Um Segen will ich bitten für
diese wunder-, wundervolle Stadt,
die sich nun vor aller Welt
in neuem Glanze präsentiert.

Versöhnung

Sich versöhnen mit dem Schicksal
sich versöhnen mit dem ICH
macht den Weg frei für den Wandel
stärkt die Basis für den Frieden

Gefallene Masken

Immer aktuell

Was gestern in der Zeitung stand,
ist heute schon ein alter Hut,
und doch bleibt uns
so manches in Erinnerung,
das, was uns einst bewegte,
das, was wie Welt verändert hat.

Es sind die Kämpfe
zwischen Gut und Böse,
vermeintliche Gerechtigkeit,
das Streben nach dem Haben,
die Gier nach immer mehr und
eine Landung auf dem Bauch.

An Aktualität wird unser Leben
nie verlieren: Berichterstattung
an der Front durch unsere Medien.
In zweiter Reihe tummeln sich
die Bücher, live oder digital.
Wer Zeit hat, kann sich informieren.

Präsident ade *

Er ließ sich von vielen auf Händen tragen,
bestieg seine Stufen zum dienstlichen Glück
bis hin zum Repräsentanten des Landes.
Er tat seine Pflicht und hatte vergessen,
dass auch die Vergangenheit zählt.

Sein Volk stellte ihn an den Pranger
und rupfte ihm bei lebendigem Leibe
die Federn der Vorteilsnahme aus.
Gerupft steht er da und fällt ohne Flügel
aus all seinen Wolken.

Ist es nicht das Bestreben des Menschen
im eigenen Leben gut wegzukommen?
Wer nimmt nicht andere mit ins Boot,
die bei gemeinsamer Sache
ein bisschen mitrudern helfen?

Das Volk erhöht, das Volk erniedrigt,
das Volk bestraft nach eignem Ermessen.
Jeder ist hier gefragt zum Ja und zum Nein.
So oder so, ein schales Gefühl bleibt zurück,
denn die Moral ist hier Ansichtssache.

Leitern *

*(nach apokalyptischen Bildern
von Haby Bonomo)*

Leitern,
an den Wänden Bilder voller Leitern,
Sprossen, abgebrochene Stufen,
aufgetürmt zu Haufen, trostlos,
empor gewachsen
zu hohen Mauern.

Der Nachlass unseres Lebens,
nichts als Abfall,
verbrannt, verkohlt und Asche,
ein tristes Trümmerfeld
und dunkler Rauch,
der das Blau des Himmels trübt,
uns den Blick verstellt.

Stetes Streben in die Höhe
wünscht sich die Gesellschaft,
Babel-Türme bauen, lebenslang.

Seien wir doch ehrlich.
Wer begnügt sich gerne
mit dem Spatz in einer Hand,

wenn auf dem Dach
die Taube gurrt?
Erfolgsleiter-Besteigung,
ein Hochhinauf,
um anderen auf den Kopf zu spucken.
Sucht nach Anerkennung
und Bewunderung.
Begierde nach der schnellen Liebe,
auswechselbar.

Nicht perfekt
sind die Leitern unseres Lebens,
viel zu kurz für hohe Ziele,
auf Dauer unstabil,
morsch, mit abgebrochenen Sprossen.
Neue müssen her, immer mehr.

Wegwerfgesellschaft
entsteigt dem Schrott
wie Phönix aus der Asche,
verspricht mit Besser,
Schöner, Größer
einen neuen Himmel.
Bitte alle einsteigen
zum Aktienhöhenflug!

Als die Astronauten von oben
auf die blaue Kugel blickten,
dachten sie beschämt:

Wie klein und unscheinbar
ist dieser Mensch
im Gefüge der Unendlichkeit.
Er hat sich selbst gekürt
zum Alleinbeherrscher
des Planeten Erde und
zum genialen Schöpfer,
der durch Manipulation der Gene
perfekte Nachkommen
als 'fehlerfreie' Wesen
im Reagenzglas klonen kann.

Aber -
wohin mit dem Atommüll,
der seit vielen Jahren
unser aller Leben
immer mehr bedroht,
das weiß er nicht.

Nein, der Mensch,
dieser 'Weltverbesserer',
ist ein Zerstörer der Natur,
der sich ernährt
von seinem selbst gemachten Leid,
und es rührt ihn wenig,
dass er mit Tiermehl
aus Pflanzenfressern
Kannibalen macht,

die als BSE-Kadaver
auf dem Scheiterhaufen enden.
Dieser Nimmersatte
saugt wie ein Vampir
aus den Ärmsten unserer Welt
den Lebenssaft heraus.
Träge und mit prall gefülltem Bauch
hockt er auf seinem Reichtum,
spürt nicht einmal,
wie seine Seele hungert.

Es wird höchste Zeit
einzusteigen in den Baum,
der uns Erkenntnis bringt.
In dessen Krone wird der Mensch
nur ein ganz klein wenig
dem Himmel näher sein.
Leg' ihm eine Wolke
in die Hand und er wird fühlen,
dass sie nichts als nass und kalt ist.

Schicke ihn zum Regenbogen
und er wird sehen,
dass alle seine Illusionen
wie Seifenblasen platzen.

Lass' ihn um die Erde fliegen
und er wird merken,

dass der Horizont,
der im Dauerlauf vorauseilt,
niemals greifbar ist.

Wir abgestürzten Himmelsstürmer
mit zu hochgesteckten Zielen,
wollten nach den Sternen greifen
und sind immer wieder
auf den Bauch gefallen.

Erkennen wir die Grenzen!
Begnügen wir uns
mit der kurzen Leiter,
doch verstärken wir die Sprossen.

Steigen wir hinein in eine Welt,
in der weder Habgier,
Neid noch Hass regiert
und 'Mobbing' nur ein Fremdwort bleibt.

Lassen wir uns von der Liebe tragen,
einem Glauben,
der unsere Hoffnung stärkt
an eine Zukunft
in menschlicher Verbundenheit
und Ehrfurcht vor der Schöpfung.

Im kalten Grab
wird uns niemand fragen
nach angehäuften Schätzen.

Und wenn sich einst für uns
der große Vorhang öffnet,
werden wir
mit leeren Händen
willkommen sein
bei jenem himmlischen Finale.

Appell (*an die USA*) *

Die ganze Welt
soll euch zu Füßen liegen
ihr wollt die Allergrößten sein
habt euch selbst gekürt
zum Richter unserer Menschheit

Ihr lebt wie die Maden im Speck
badet im Flutlicht eurer Reklame
zapft in steigernder Habgier
am flüssigen Gold dieser Erde
um euren Luxus zu mästen

Sonntags malt ihr auf eure Stirn
ein heiliges Kreuz
montags schickt ihr voll Eifer
den mit dem Pferdefuß
ins satanische Rennen

Soldaten zum Aufmarsch drängen
um den gefürchteten Waffenschmied
- von euch einst gefüttert -
in ein Korsett zu zwängen
er ist euch zu fett geworden

Ein Eliminieren des Feindes
wird unschuldigen Frauen und Kindern
Dornenkronen aufdrücken
und ihr Blut mit dem Mörtel
eurer neuen Babeltürme vermischen

Schwört nicht herauf
einen neuen 11. September
bringt ihr den Weltfrieden in Gefahr
wer soll euch dann noch
den roten Teppich ausrollen

Das AUS
für Saddam Hussein *

Einst getragen,
dann verworfen!
Man kürte einen Ex-Diktator
zum großen Feind der Menschheit,
weil er mit harter Hand regierte
und über Leichen ging, jedoch
die Weltbedrohungsinstrumente
fand man bei ihm nicht.

Vor seinen Häschern floh er
in ein Erdloch, wie ein Tier.
Spürnasen ließen sich nicht täuschen.
Er konnte ihnen nicht entrinnen.
Seine Unterdrückten
schrieen im Chor: „Tötet ihn!"
Er selber glaubte sich im Recht,
bezeichnet sich sogar als Märtyrer.

Den Richterspruch fällten Marionetten.
Der Strang – zuvor das Schicksal
tausender Geknechteter –
beendete sein eigenes Leben.
Die Spieler rieben sich die Hände.

Das gespaltene Volk versteckte sich
hinter seinen scharfen Waffen,
zum neuen Kampf bereit.

Nun - aus den eigenen Reihen -
wüten Selbstmordattentäter.
Zwischen Euphorie und Trauer
kämpfen Agonisten,
hofft ein jeder nur das Beste.
Hatten sie vergessen,
dass die Spieler ihren weißen Tauben
die starken Flügel stutzte?

Wachet auf und haltet ein *

Japan, du bedauernswertes Land,
ausgewählt zum Supergau,
unfreiwillig Märtyrer
als Mahnmal für die Welt.
Die Erde bebt, das Meer erbricht,
des Menschen Fleiß ein Haufen Schutt,
die Toten unter ihm begraben.
All das ein Vorspiel nur
für diesen Gau der Stromerzeuger.

Türme hörten auf zu dampfen,
große Würfel in der Landschaft,
die nach außen glänzten,
nun ein Mauerwerk für Todesfalle.
Menschen spielten Schöpferdasein,
glaubten, alle Macht im Griff zu haben,
bis der Erdball eine eigene Sprache fand.
„Es werde Licht" ist nun vorbei,
es hat sich ausgestrahlt.
Todesängste hat das Land ergriffen,
dem alle Kraft verloren ging.

Wellen des Entsetzens
ziehen über Land und Meer.
Bange fragt man sich: Und wir?

122

Sind wir gefeit vor solchem
selbstverschuldeten Verbrechen,
erdacht für Luxus und Bequemlichkeit?
Als Pfand der Habgier eine Tür geöffnet.
Augen zu und durch!
Doch mit der Angst im Nacken.

O, Menschenkinder, haltet ein,
verwerft die ehrgeizigen Pläne,
die eines Tages alles Dasein
zu vernichten drohen!
Schenkt nicht der Himmel uns
die Sonne und den Wind
als Quelle starker Energien?
Ernährt das Erdreich nicht die Welt?
Hierzuland' mit schöpferischer Hand
das Leben schadlos zu gestalten,
das wäre ein erstrebenswertes Ziel.
Millionen Stimmen mahnen:
Wachet auf und haltet ein!

Kehrtwende *

Hurra!
Es hat sich was getan,
nicht nur in unsren Köpfen!
Die Politik ergriff das Wort.
Der Atom-Ausstieg ist
nun beschlossene Sache.

Eine kluge Frau
hat es geschafft
zum Aufbruch
in die neue Zeit zu blasen,
gegen alle Widerständler,
gegen unsre Geldabzocker,
gegen viele Bangemacher.

Nur woher so schnell
ein neues Energiekonzept,
ein allumfassendes Prinzip
für überzogene Begierden?

Solarthermie, Fotovoltaik,
‚Windgedrehe‘, Wasserkraft oder
Biogas vom Monte Scherbelino?

Alles! Alles das muss her,
fest gebündelt in einer
noch nie da gewesenen
Kraftanlage.

Erfinder sind gefragt
für einen nagelneuen
Stromerzeuger
nach dem Vorbild
einer Wollmilchsau,
die Eier legt.

Wir bleiben dran!

Licht-Blicke

Die innere Stimme

Es gibt eine Stimme
im Tiefsten der Seele,
die unsere Sinne berührt.

Sie ahnt das Geschehen und
sagt sogar manchmal
die Zukunft voraus.

Sie korrigiert deinen Kurs
und schenkt dir Gewissheit
im Unterscheiden.

Man sagt, es sei
das flüsternde Göttliche,
das in uns allen wohnt.

Stellst du dein Inneres
auf Empfang,
wirst du es hören.

Dieses Yin und Yang

Im Halbschlaf
nimmt das Leben Formen an,
es kokettiert mit Farben
und übt sich in Gebaren.

Ist der Tag
vollends erwacht,
schrumpfen die Gedanken
ein zu kleinen Zwergen.

Es lebe jede Nacht,
es lebe jeder Tag,
es lebe dieses
Yin und Yang.

Doppel-Glück

Glücksgefühle sind Hormone,
die in deinem Inneren
spazieren gehen
und eine kurze Zeitlang
deine Augen leuchten lassen.

Das meint der Doktor
und gibt Rat zum Doppel-Glück.
Er schlägt vor:

Dem Kind in Afrika
ein Stückchen Brot der Welt,
Selbsthilfeleistung für die anderen.

Dem Obdachlosen
ein paar größere Münzen
oder eine neue Heimat.

Dem Einsamen
gelegentlich ein Zeit-Geschenk
für Gemeinsamkeiten.

Dem Verzweifelten
Mutmachen für die Rückgewinnung
seines Selbstvertrauens.

Dem Kranken
Worte voller Zuversicht
zur Unterstützung seiner Hoffnung.

Für den Sterbenden
ein letztes Glück:
das Halten seiner müden Hand.

Und für dich selbst
ein offenes, liebevolles Herz,
das durch seine
innere Stimmigkeit
das eigene Glück vertieft.

Begegnungen *

Herzensguter Seelenfreund,
der du mir begegnet bist
vor einer Bilderwelt
aus einem fernen Land.
Und doch war diese fremde Welt
uns beiden sehr vertraut:
die Hitze unter Palmen,
staubige, rostfarbene Erde,
Lehmhütten mit Wellblechdächern,
dunkelfarbige Gesichter,
Schweißperlen auf der Haut,
Menschen unterwegs
mit Lasten auf dem Kopf
und dem Nachwuchs auf dem Rücken,
Märsche, stundenlang von A nach B,
zum Wasserholen oder Marktgeschehen.

Herzensguter Seelenfreund,
wir beide waren dort
in diesem Land
zu ganz verschiedenen Zeiten.
In unserem Fokus standen Mittellose,
Menschen ohne Arbeit,
Kinder ohne Bildung,
Kranke ohne medizinische Versorgung.

Wir boten Hilfe an
und knüpften einen Bund
mit der uns neu vertrauten Welt.
Nicht nur das verbindet uns.
Es ist ein Kreislauf innerer Begegnung,
der sich durch unsere Herzen zieht
und uns im Geben wie im Nehmen
freundschaftlich vereint.

www

Heute ist ein großer Tag,
der unsre Welt verändern kann,
ob zum Segen oder Fluch,
wird sich für uns zeigen.
„Ihr lebt ja wie im Hinterwalde",
sagten unsre Freunde
bis zu dieser Stunde.

Ihr voraus ging ein
innerer Kampf, jahrelang.
Brauchen wir dies Angebot?
Zuerst ein Nein, dann ein Ja,
dann erneute Zweifel.
Wenn wir jünger wären,
keine Frage.

Befürchtungen,
es könnte etwas
auf der Strecke bleiben:
persönliche Gespräche,
liebevolle Briefe,
Zeit zu haben,
wenn uns jemand ruft.

„Keine Angst! Jetzt erweitern sich
die Möglichkeiten!"
sagen Kinder, Enkel, Freunde.
„Ab heute seid auch Ihr
mit aller Welt verbunden!
Endlich IN
bei @ und Punkt *de*."

Im Dezember

Kalter Winter, heiße Zeit,
in den Köpfen kocht das Hirn.
Weihnachten steht vor der Tür.

Süßes quillt aus den Regalen,
vorgeführter Überfluss
zum süßen Glockenklingen.
Die Gedanken wimmeln:
kaufen, basteln,
was und wem,
feiern wir hier oder dort,
was soll in die Töpfe?

Kalter Winter, heiße Zeit,
meistens nur ein Sorgen
um das eigene Wohlbefinden.

Winternacht und Sternenzelt.
Venus strahlt besonders hell,
Licht für alle Herzen.
Selbstbesinnung auf
ein neues Angebot
von Liebe und Vertrauen.
Das möge eine Botschaft sein
in jener hellen Nacht.

Erlösung aus der Nacht

In schlafloser Nacht
zerbröckeln die Stunden
die Zeit kommt ins Wanken
das Leben verliert seine Farben
Konturen verschwinden
im wallenden Nebel
die innere Freiheit
erkennt plötzlich Grenzen

Erlösung endlich
im bleiernen Schlaf
bis helles Licht
deine Nacht befreit
aus all ihren Qualen
und düstren Gedanken
und dich mit offenen Armen
der neue Tag empfängt

Neue Lebensansicht

Wenn aus irgendeinem Grund
mein Weltschmerz mich befällt,
rufe ich, bevor ich falle,
meinen treuen Retter an.
Der führt mich auf den Berg
und macht mir bewusst,
dass eine neue Lebensansicht
meine Welt verändern kann.

Bald beginnen Tage,
da tut es nicht mehr weh,
das Sich-hängen-lassen
über Alltagssorgen,
diese Angst um eine
ungewisse Zukunft,
weil die Hoffnung wieder grünt
für eine aussichtsreiche Zeit.

Im Ziel

Lang und steinig war der Weg
durch Licht und Schatten.
Obwohl der Blick nach vorn gerichtet,
stieß ich an Hindernisse.
Den Schmerz verklärte meine Sonne.

Der Weg war nicht das Ziel,
er führte zu ihm hin,
den lang ersehnten Wunsch
mir zu erfüllen.
Nun ist's geschehen!

Ich sag es jedem Baum und jeder Blume,
den Wanderschnecken und dem Gras,
ich tanze mit den Schmetterlingen
und juble mit den Lerchen
auf den weiten Feldern.

Ich hab mein Ziel erreicht!
Es tut unendlich gut!
Mein neues Buchkind
hat das Licht der Welt erblickt.
Nun kann es reifen.

Zwischen der Verpflichtung

Sie warten alle nur auf dich,
der Sessel und der Stuhl,
sogar die Bank da draußen.
Sie wollen dich mit Zeit beschenken
zum Pausemachen
zwischen der Verpflichtung.

Nimm eine Auszeit dir,
um kurzerhand
in einem Buch zu lesen,
eine Rätsel-Nuss zu knacken,
auch passende Gedichte
können Balsam für die Seele sein.

Abseits der Betriebsamkeiten
gib den Gedanken Raum
für ein liebevolles Tun,
oder denke nichts,
sitz einfach da
und schließe deine Augen.

„Regenerieren"
heißt das Zauberwort,
sich eine Auszeit nehmen
zwischen der Verpflichtung
und den Turbulenzen.
Finde neue Kraft im Müßiggang.

Alsbald liegt vor dem inneren Auge
der alte Weg in einem neuen Licht,
nicht mehr so steil, und
dein Gepäck ist halb so schwer.
Unerwartet trifft ein Lichtstrahl
dein versonnenes Gesicht

zwischen der Verpflichtung.

Schwindende Zeit

Die Zeit rennt mir davon,
die Pläne flattern hinterher,
der Tag liegt an der Leine,
unfrei und erneut gefesselt.
Meine Pausen werden länger,
die Kräfte hängen in den Seilen.
Die Welt hat mich vergessen
und ich die ganze Welt.
Ich lebe von den Resten
mit den abgelaufenen Daten.

Die letzten Tage hol'n mich ein.
Ich schmücke mich mit Edelsteinen
und kleide mich in mein' Brokat.
Wenn sich das Himmelsblau ergießt
und alle Gärten singen,
verlier' ich mich im Blütenduft.
Ich laufe meiner Zeit
nun nicht mehr hinterher
und lasse mich stattdessen
in einer Sänfte tragen.

Alles gesagt

manchmal kommt es mir vor
als sei alles in allem gesagt

was wir denken und fühlen
ein Leben nach außen gekehrt

wir Menschen sind alle verschieden
die einen tragen ihr Herz auf der Zunge
die anderen beißen sich lieber hinein
die einen reflektieren im Reden
die anderen schweigen im Kämmerlein
gelegentlich wechseln wir unsere Rollen

nun haben jene etwas zu sagen
die anderen hören geduldig zu

manchmal kommt es mir vor
als sei alles in allem gesagt

Alles

Alles in allem

jedes in jedem

im Rückblick betrachtet

macht alles Sinn

*) Erläuterungen

Seite 5: Zitat *

Marcel Reich-Ranicki, deutscher Publizist und Literatur-Kritiker. Bei seinem *Lyrik-Kanon* handelt es sich um eine Anthologie herausragender Werke der deutschsprachigen Literatur mit 1.370 Gedichten von 251 deutschsprachigen Autoren in sieben Bänden.

Seite 16: Symbiose *

 Zusammenarbeit mit der Künstlerin *Evita Gründler*, Regensburg, der ersten *Frau* weltweit, die mit 84 Bildern (im Original 80 x 80 cm Acryl auf Holz) eine vollständige Bibel illustriert hat und mit dieser Arbeit ins Guinnessbuch der Rekorde aufgenommen wurde (siehe auch im Internet).

Auch die hier eingefügten quadratischen Bilder messen im Original 80 x 80 cm, das rechteckige 50 x 65 cm.

Seite 17: Vernissage bei Marie *

Künstlerin *Marie von Jan*, Schmitten/Taunus, u. a. Zusammenarbeit für mein Lyrikbuch *„Auf Wellenlänge"* (siehe auch im Internet)

Seite 18: Linientreu *

Konkret-konstruktive Malerei des Künstlers *Roland Helmer*, Eichenau (siehe auch im Internet)

Seite 19: Kinetische Struktur *

Kinetische Malerei und Rundbilder der Künstlerin *Trude Schumacher-Jansen*, Zwingenberg/Bergstraße (siehe auch im Internet)

Seite 60: **In mir erklingt ein Lied** *
Als Sechsjährige in der Nachkriegszeit 1947

Seite 61: **Herbstgewand** *
Impressionen im Kurpark von Bad Ems
zur Erinnerung an 25 Jahre eheliche Verbundenheit

Seite 62: **Zeit und mehr (*timesandmore*)** *
Für Prof. Karlheinz Geißler, *„timesandmore"*, Institut für
Zeitberatung in München (siehe auch im Internet).

Seite 111: **Präsident ade** *
Betrifft *Christian Wulff*, den zehnten Bundespräsidenten der
Bundesrepublik Deutschland (vom 30. 6. 2010 - 17. 2. 2012).

Seite 112: **Leitern** *
Mein Text entstand nach einer Vernissage in der Galerie *Forum*
in *Usingen* zu einer apokalyptischen Bilder-Serie des internatio-
nal bekannten, argentinischen und in Paris lebenden Künstlers
Haby Bonomo (siehe auch im Internet). Diese Werke stellten in
meinen Augen den Turmbau zu Babel dar sowie dessen späteren
Einsturz mit nachfolgender Verbrennung. Aus der Asche heraus
ragten Teile von Armierungseisen, die aussahen wie in der Luft
frei stehende Leitern. Ich verarbeitete dieses Thema als
Metapher.
Nur wenige Wochen später, am 11. 9. 2001, erfolgte der Einsturz
des *World Trade Centers* in New York. Einige Fotos aus der
Dokumentation dieser Katastrophe glichen erschreckend den
apokalyptischen Bildern von *Haby Bonomo*.

Seite 118: **Appell** (*an die USA*) *
entstanden anlässlich des drohenden Irak-Krieges.
„Appell" veröffentlichte der *Usinger Anzeiger* am 19. 3. 2003,

146

einen Tag vor Ausbruch des Irak-Krieges, der durch eine Invasion amerikanischer Soldaten am 20. 3. 2003 eingeleitet wurde.

Veröffentlichung 2004 im *„Jahrbuch für das Neue Gedicht"* der *„Brentano-Gesellschaft"*, Frankfurt am Main, ausgelegt unter anderem in der *„Library of Congress"*, Washington.

Seite 120: **Das AUS für Saddam Hussein** *
Präsident des Irak, hingerichtet am 1. Mai 2006.

Seite 122: **Wachet auf und haltet ein** *
Mahnruf an die Menschheit - anlässlich der Reaktorkatastrophe in Fukushima (Japan), Supergau nach Erdbeben und Tsunami im März 2011.

Seite 124: **Kehrtwende** *
bezieht sich auf Bundeskanzlerin *Angela Merkel*, die sich im Mai 2011 für einen Atomausstieg ausgesprochen und somit eine Energiewende in Deutschland eingeleitet hat.

Seite 132: **Begegnungen** *
Lyrische Betrachtung anlässlich der *Expo 2000* in Hannover, hier erste Begegnung mit *Heinz Baumgardt*, dem Ideengeber und Mitbegründer des gemeinnützigen Entwicklungshilfevereins *„Togofreunde Hannover e. V."* im Jahr 1979 (siehe auch im Internet), dessen langjähriger Vorsitzender er war.

Aus unserer Grundeinstellung zum Leben hat sich im Laufe der letzten 12 Jahre eine Art Seelenfreundschaft entwickelt.

Inhaltsverzeichnis

Heraus aus dem Desaster

Gefallene Masken

Lichtblicke

Kurzbiografie

Gisela Stumm, geboren 1941 in Danzig, aufgewachsen in Niedersachsen, dort tätig gewesen im kaufmännischen Bereich, lebte mit ihrer Familie im Rahmen der Entwicklungshilfe neun Jahre in Afrika. Sie wohnt seit 1980 im Taunus. Nach einer Fachausbildung im sozial-pflegerischen Bereich betreute sie Pflegebedürftige und Sterbende.
Seit Ihrem Fernstudium bei einer Schreibakademie publizierte sie sechs eigene Lyrikbände.
Es gibt zahlreiche Veröffentlichungen in Zeitschriften, Tageszeitungen, Anthologien, Buchgemeinschaftsprojekten, Hess. Rundfunk, Internet; seit 2010 in Folge textliche Mitbeteiligung am künstlerisch gestalteten *Frauenkalender* (Kaufmann-Verlag).
Ihre musikalisch begleiteten Lesungen hält sie überwiegend zugunsten der Hospizarbeit.

Bereits veröffentlichte Bücher von Gisela Stumm
mit lyrischen Betrachtungen und Gedichten:

Liebe kennt den Weg zum Garten Eden
ISBN 3-8334-0031-5 (60 S.) 6,-- Euro

Unterwegs sind wir alle
Farbbilder von Evita Gründler
ISBN 3-8334-2927-5 (110 S.) 12,-- Euro

IMAGES - Auf den Spuren von Marcel Tournier
Text- Inspirationen zu impressionistischer Harfenmusik
Musik-Einspielung auf CD von Morija David
Farbbilder von Anja Zimmermann
ISBN 978-3-00-019504-4 (52 Buchseiten incl. CD) 15,-- Euro
(zu bestellen unter Tel. Nr. 06083-1290)

Auf Wellenlänge
Farbbilder von Marie von Jan
ISBN 978-3-8391-1528-2 (160 S.) 13,50 Euro

Wenn wir reifen
ISBN 978-3-8372-0998-3 (136 S.) 12,80 Euro